An Fear Marbh

An Fear Marbh

Colm Breathnach

Cló Iar-Chonnachta
Indreabhán
Conamara

An Chéad Chló 1998
© Colm Breathnach 1998

ISBN 1 902420 00 4

Clúdach agus Líníochtaí
Tomás Ó Cíobháin

Dearadh Clúdaigh
Johan Hofsteenge

Dearadh
Foireann CIC

Faigheann Cló Iar-Chonnachta cabhair airgid ón g**Comhairle Ealaíon.**

Foilsíodh leaganacha de roinnt de na dánta atá anseo cheana in *Innti 15, Poetry Ireland Review, Atlanta Review, Via Regia* agus i *Leabhar Sheáin Uí Thuama.* Craoladh roinnt acu ar Raidió na Gaeltachta agus ar Raidió na Life. Foilsíodh **Sámhchodladh** cheana in *Cantaic an Bhalbháin,* foilsíodh **Lorgaíodh mo Shúile tú, Stiúrthóir Cóir** agus **Láchtaint san Otharlann** cheana in *An Fearann Breac* agus foilsíodh **Seana-ghnás** cheana in *Scáthach.*

Clóchur: Cló Iar-Chonnachta, Indreabhán, Conamara.
Teil: 091-593307   **Facs:** 091-593362   **r-phost:** cic@iol.ie
Priontáil: Clódóirí Lurgan, Indreabhán, Conamara.
Teil: 091-593251/593157

i gcuimhne ar m'athair
Seán Breathnach
1919 – 1979

Saothair eile leis an údar céanna:

Cantaic an Bhalbháin (Coiscéim, 1991)
An Fearann Breac (Coiscéim, 1992)
Scáthach (Coiscéim, 1994)
Croí agus Carraig (Coiscéim, 1995)

Clár

An Fear Marbh	9
Sámhchodladh	12
Corcaíoch ag Moladh Bhleá Cliath	13
'Con Amore'	14
I mBeairic Thréigthe	15
Oíche Mhaith, a Bhastaird	16
An Foclóirí	19
Idir Dhá Phort	21
Aithreachas	22
An Robálaí Mór	23
Lorgaíodh mo Shúile tú	25
8:10 a.m., 26 Feabhra, 1947/1996	26
Ard na Laoi Aontaithe	27
Rian	28
…Is é Dán na hOíche…	30
Buille Fill	31
Stiúrthóir Cóir	32
An Pianó	34
Snámh	35
An Uaigh	37
An Gunnadóir	38
Láchtaint san Otharlann	39
Maidin Eile Fós	41
Séasúir	42
Súile Glasa	43
Seana-ghnás	46
Cead Cainte	47

An Fear Marbh

Tá Fear Marbh ages na héinne
ina luí ar a fhaid is ar a leathad
amuigh ar íor na spéire,

oileán ná tugtar turas air níosa mhó,
ball ná tráchtar thairis tríd an gceo,

ná siúltar na conairí air

sa tóir ar chuimhní gur dóichí

ná a mhalairt
go dtiteadar le faill fadó.

Tá oileán mara fada ard
ages na héinne
sínte ar iomall an chomhfheasa,
go dtagann a chumraíocht dhorcha
idir iad agus léas
le linn don ngréin dul fé.

Magh Meall mura bhfuil ann
ach aisling mheabhail
is Tír na nÓg
ina scailp cheoigh –
Í Bhreasail
mar fhís mhearathail –
tuigim go bhfuil oileán ann,
ar imeallbhord mo bheathasa,
ó thosnaigh arís an t-am
tar éis do bháis.

Ó cailleadh tú, a Fhir Mhairbh,
tá tú i d'oileán
sínte ar íor na mara.

Agus tá inneall á fheistiú i mbosca naomhóige
is an taoide ag gabháil bhun na cé i mbarróig
agus fear an bháid thíos ag fógairt
gur mithid domhsa teacht ar bord.

Sámhchodladh

Tánn tú anois
  thíos fúm,
Marcshlua na bpian
  ag satailt ort,
Mise do mhacsa
  os do chionn,
Blianta d'fhuath
  dom phriocadh,
Grá nár bhraitheas cheana
  dom chiapadh.
Tánn tú imithe rófhada,
Ní thuigfeá anois
  m'aithrí.
Bhís anseo
  romham
Ach beadsa anseo
  id dhiaidh
Is is mallacht
  orm é
Ná dúrt
  riamh leat
'Sámhchodladh,
  a Dhaid'.

Corcaíoch ag Moladh Bhleá Cliath*

Ceann dos na rudaí is speisialta faoi Bhleá Cliath
seachas an bóthar go Corcaigh, dar ndóigh,
ná an mhias ar a dtugtar an *Special*
i Sammy's Café ar Shráid Uí Mhórdha.

Burgar blasta gan bhorróg,
an chéad mhír maidir le feoil do,
dhá ailp mhóra nó trí d'ae
an chéad ní eile i dtús an chraois.

Sasaitse amháin ach é gan cháim
is a pháirtí sin an slisín mánla,
áirigh leo san mar bharr ar an bhfeoildámh
píosa nó dhó don lúbán bán.

Mar le glasraí i láthair ar an bpláta,
bíonn píseanna ann ina mathshlua lánmhar
is ina dteanntasan gan cheann fé ná náire air,
cé dearg a éadan, bíonn balcaire 'thráta.

Ag rince sa ghréisc le barr pléisiúir
bíonn complacht aerach do mhuisiriúin.
Thart orthu siúd mar chuid don tseisiún
bíonn scata geanúil do shlisní oinniúin.

Cár mhiste le tuathánach dom leithéidse
a bheith i mBleá Cliath na sráideanna réidhe
naofa borba dána lofa
agus béile mar é ag seinm im bolg?

*Foilsíodh an dán seo ar dtúis in *Innti 15*. Athraíodh ainm an chaifé ó shin go Enzo's Café!

'Con Amore'

Ar lá mar seo,
lá annamh iontach,
is an ghrian ag lonradh
ar gach aon ní,
ar eitleán ag ísliú i dtreo an aerphoirt
agus glioscarnach fan a shleasa
is ar a sciatháin
nuair a dhéanann sí bordáil,
ar bheacha ar dalladh
is iad ag gabháil stealladh dos na bláthanna,
ar m'éadan is í ag déanamh bleaic díom déarfá
is mé im shuí ar an bhfalla íseal idir an dá ghairdín
agus mo phrapa le falla tosaigh an tí
le hais an dorais
agus muga caifí ar mo ghlúin agam...

Ar lá mar seo,
lá annamh iontach,
moilleoidh cairt, stopfaidh lasmuigh do gheata
is tabharfar an scéala dúinn.

Ar lá mar seo,
lá mairbhití,
luífidh mo shúile ar ainm an tí
trasna an bhóthair uaim
is léifead é, *Con Amore*,
trís na deora.

I mBeairic Thréigthe

An clog bolgach
ar crochadh do théad bhuí
ón bhfáinne meirgeach miotail,

an tsrathair iasachta
díblithe is caite
i gcúil choicíse,

fés na fraitheacha
méadaíonn ar ghiolcadh na ngealbhan
led throithíocht mhíleata
thar an ngairbhéal anall chugam.

Chonaicís ag teacht mé, ní foláir,
trí cheann dos na poill lámhaigh.

Tá meirg ar do theanga
mar atá, is dócha,
ar theanga an chloig

ach cloisim fós
an mórtas id ghlór
nuair a deirir liom,
'Dé 'bheathasa, a óglaigh'.

Oíche Mhaith, a Bhastaird

Ar an mBuailtín,
os cionn shiopa Sheáinín na mBánach,
a bhíodh na hoícheanta againne
agus thagadh scata do mhuintir na háite
is dos na 'laethanta breátha'
thar n-ais i ndiaidh am dúnta
i dtigh tábhairne Dhónaill Uí Chatháin.

Is bhímisne, páistí, inár leapacha ar fionraí,
suan na súl oscailte orainn sa tseomra codlata
ag feitheamh le monabhar bog an chomhluadair
ag déanamh orainn an staighre aníos.

Thosnaítí ansan le tamall comhrá
scéalta á n-aithris is corr-sá grinn,
tú fhéin i d'fhear tí támáilte
ach an Beamish ag tabhairt do ghlóir chugat
nó go n-iarrtá ar dhuine éigin amhrán do rá.

An curfá dá chasadh ages gach éinne,
an siosa agus an barr dá bhaint do bhuidéal.

Is nuair a bhíodh an oíche thart
chloisimis na daoine is iad ag imeacht,
thíos ar an tsráid i moch na maidine
an ceiliúradh ag duine acu, 'Oíche mhaith, a bhastaird',
in ard a chinn ar shráid an Bhuailtín.

Is é mo lom
ná rabhas fásta suas in am,
sara bhfuairis bás,

le go mbeinn i láthair
ag oíche a reáchtáilis
os cionn shiopa Sheáinín
ar an mBuailtín.

Is nuair a bheadh an oíche thart
agus an chuideachta ag imeacht
thabharfainn féin faoi mo lóistínse mar aon leo
i mBaile Eaglaise nó sna Gorta Dubha
ach sara n-imeoinn chasfainn chugat
le go ndéarfainn, 'Oíche mhaith, a bhastaird',
go ceanúil meisciúil leat.

An Foclóirí

'Má thánn tú chomh cliste sin,' a dúirt mo chroí liom,
'ba cheart go mbeadh focal agat ar an mothú seo.'

Ach ní raibh agus níl.

Níl aon fhocal agam

cé go ndeinim iad a bhailiú.

Cuirim iad ar stór i bhfoclóirí
is liostaí, i gcuimhne ríomhairí

ach níl aon fhocal agam air seo fós.

Cian, uaigneas,
dobrón, dúbhrón
aonaracht,

n'fheadar, aiféala, b'fhéidir.

Níl aon fhocal agam air
as na focail go léir go bpléim leo.

Deinim iad a scagadh, a dhíochlaonadh.
Deinid mé a mhíniú,
cloisim iad ag labhairt fúm,
faoi chlúid na leabhar,
go síoraí do chogar ciúin.

A Chríost, a dhuine,
fill thar n-ais chugam,
bíodh focal agat liom.

Idir Dhá Phort

Ar an ndroichead dom le hais an Angler's Rest
mé idir dhá phort in aois a seacht déag.
Tusa age baile idir dhá phort, leis,
ag saothrú an bháis is tú a caoga naoi.

Bhíos éalaithe amach
chun gal a chaitheamh
agus ré do ghailese thart
is an t-orlach, leis,
i ndáil le bheith caite.
Leagas mo lámha
ar fhalla an droichid
leathshlí idir a dhá cheann
mar ná féadfainn casadh
soir ná siar.

Pé treo a gheobhainn,
gheobhainn tusa romham,
romham age baile is
buile an bháis
ag bá do shúl,
siúl ar mhalairt slí,
slí na fírinne
go fírinneach ab ea san dom mar
is mar sin a bhís ag gabháil romham.

Nuair a d'éagais
d'fhágais idir dhá phort mé,
i m'aosánach seacht mbliana déag d'aois
nach n-aithníonn soir thairis siar.

Aithreachas

Idir an fhéachaint agus an focal –
an nóimint úd de choinbhleacht –
an mírún mímhúinte chomh follasach san duit
nach gá cur leis trí fhriotal a chur air.

An fhearg ag sníomh
tríd an bhfoighne ar do cheannaithe.

An ghuí dhoráite agat gan rá
– mac ar do nós fhéin agat ar do thráth,

dosmachtaithe.

An Robálaí Mór

Taibhríodh dom tráth
gurbh amhlaidh nár cailleadh tú in aon chor
ach gur thugais dos na bonnaibh é
tar éis duit an t-airgead go léir is na seiceanna i dtaisceadán
Bhord Soláthair an Leictreachais a robáil.

Chuas amach go dtí an ngaráiste lá –
le buicéad guail a fháil, is dócha –
is bhís ag feitheamh ansan romham,
bóna do léine scaoilte beagán
agus an chuma ort nár bhearrais le dhá lá,
buidéal Tequila id chiotóig,
tudóg Havána idir do bheola.

Is ansan a mhínís dom cad a tharlaigh,
ag síorsclábhaíocht, an bráca is an crá
a lean don obair ó lá go lá gan trá.
Fógraí scortha cumhachta á seoladh agat
chuig ainniseoirí gur dhóichí ná a mhalairt
ná glanfaidís na fiacha a bhí ag an mBord orthu go deo.
Drochfhiacha a dúraís leat féin
agus malairt céille agatsa leis an dtéarma.
Bhís bréan do bheith ag tromaíocht ar an aintréan
agus, mar sin, bhailís chugat a bhféadais
is bhailís leat chun na gréine sa Bhrasaíl
amhail robálaí mór traenach (nó Naitsíoch
arsa mise liom féin).
Chaithis filleadh, áfach, aon uair amháin eile, a dúraís,
leis an scéal a mhíniú dod chlann mhac is dod mhnaoi.

Ní thuigfir go deo mar ar tógadh mo chroí
nuair a thuigeas gur mar sin a bhí
is nár cailleadh tú i ndáiríre.
Ní thuigfir go deo mar ar fuadaíodh mo chroí
nuair a dhúisíos is a thuigeas gur ag taibhreamh a bhíos.

Lorgaíodh mo Shúile tú

Lorgaíodh mo shúile tú
id chathaoir uilleann sa chúinne
nó gur thuigeadar ná rabhais ann níos mó.

Lorgaídís tú trén bhfuinneog
tuairim is a sé gach tráthnóna
nó gur chuimhníodar.

Bhí leathshúil ag mo shúilese
sa ghairdín cúil leat lá
nó gur chuimhníodar nach mbíteá
ann chomh minic sin riamh.

Lorg mo shúile cois cósta tú tráth
i gCóbh Chorcaí
agus fós lorgaíodar ar muir tú i mbá Chorcaí
mar b'aoibhinn leat báid is dugaí
is línéir is tugaí.

Lorgaíonn mo shúile
ar shráideanna deoranta anois tú.

Tá súil ag mo shúile fós
do shúile muinteartha a phiocadh amach
ar measc shúile coimhthíocha an tslua.

8:10 a.m., 26 Feabhra 1947/1996

Tú fhéin agus Mick Broderick
ar cosa in airde
is bhur mbróga tairní
ag clacsáil 'Bóthar Burma' síos
i gCóbh Chorcaí
is sibh déanach i gcomhair thraein
na cathrach arís.

Ar Chnoc an Chaptaein
i Léim an Bhradáin
seacht mbliana déag
i ndiaidh do bháis
mé ag rith le fána
i gcomhair bhus na cathrach:
dos na bróga tairní
ní chloisim macalla.

Ard na Laoi Aontaithe

An Gort Arbhair a bhíodh ar an bpáirc
go n-imrímis caid inti
cé nár cuireadh arbhar ann,
déarfainn, le cuimhne na ndaoine.

Níor thaise don gcluiche féin é
mar b'é an sacar é in áit na peile Gaelaí
a shílteása a bhíodh againn dá himirt.

Nuair a chítí trí sceacha an chlaí, áfach,
d'fholt bán ag déanamh orainn trasna an bhóthair
bhímis inár bpeileadóirí Gaelacha dólámhacha
sara mbainteása geata na páirce amach.

N'fheadar ar chuireamar dallamullóg ort, in aon chor,
agus an cosc a chuiris ar chluichí gallda inár dteaghlachna
á shárú againn gach tráthnóna agus deireadh seachtaine.

'Sea, bhunaíomar 'Ard na Laoi' ina dhéidh sin
is b'é an t-aon chumann sacair é san AUL
go raibh a ainm cláraithe i nGaeilge.

Braithimse fós, ámh, ar chuma éigin,
ná géillfeá fiú ansan, do ghrá an réitigh.

Rian

Anseo i mBleá Cliath, ní fhanann aon rian díotsa,
cathair gur thugais tamall do bhlianta inti,
an chathair inar bhuail an chéad taom croí tú
agus tú ar chúrsa de chuid an ESB.

Dearúdann leaca réidhe cosa stróinséara in aghaidh an lae.

Ní fhanann aon rian puinn díot i gCorca Dhuibhne
áit gur chaithis formhór do laethanta saoire.
Tá Tráigh an Fhíona ag dul i laghad,
níl slí uirthi a thuilleadh le haghaidh cuimhní ar dhaoine.

Dearúdann gaineamh gheal cumraíocht neach le gach gealach.

Go bog síoraí trí Ard na Laoi
ó Leaca Seoinín 'dtí an nDroichead Díreach
is as san síos feadh na dTrí Insí
sníonn an Laoi lán cuimhní.

...Is é Dán na hOíche...

Riamh anall ó bhuail an chéad taom tú
thiteadh do chodladh ort cois teallaigh tar éis tae
agus, is cosúil, gurbh iad na peallairí ba chúis leis
mar nuair a thagadh am soip ba dheacair tú a dhúiseacht.

An srannadh agat á fhéachaint leis an tseana-theilifíseán
maidir le cioca agaibh ab fhearr chun seamsáin
nó go mbuaileadh duine againn poc ar do sciathán
a réitíodh an bac i do sceadamán.

Bhuaileadh fonn tae ansan tú nuair a mhúsclaíteá
agus canta aráin agus gal amháin eile.
Chloisimis an chasachtach inár leapacha
is ar maidin bhíodh an seomra lán de dheatach.

Riamh anall ó bhásaigh tú
níor shuíos id chathaoir cois tinteáin
go dtí anocht, mar anois táim inti,
mé ag súimínteacht línte agus ag cogaint ar dhán.

Buille Fill

Níor bhuille fill é in aon chor
ach tú a bheith curtha agam thar bharr do chéille
is ba cheart, dar ndóigh, go gcífinn ag teacht é
cúig neomat sara dtáinig agus éisteacht.

Ach leanas orm ag aighneas is dod thiomáint
le craobhacha ná féadfá a sheachaint.

An bheirt againn sa tigh inár n-aonar,
seana-mhadra agus coileán,
is sinn ag snapadh ar a chéile
gan fáth, dá laghad, gan ábhar.

Ach an leiceadar nuair a bhuail mo leiceannsa,
thuigeamar beirt go raibh deireadh ansan
le laethanta m'aosántachta
is go ngabhfainn feasta mo bhealach féin
ar neamhchead do reachtaibh.

Thuigis féin ar an bhfaobhar a bhí i m'fhéachaint
go rabhas róchríonna do smachtú dá leithéid sin,
laethanta m'óige éalaithe tharat i ngan fhios
is ógfhear míbhuíoch anois os do chomhair
ná maithfeadh duit choíche arís ná go deo.

Sin é a chonac id shúilese, ach go háirithe,
ach bhíos rómhailíseach ceanndána
leis an scéal a fhágaint marbh an tráth san.

Mhaithfinn duit anois an buille sin, dá bhféadfainn,
ach an maithfeá domhsa an míle buille fill
a chuireas abhaile ort lem shúile claona.

Stiúrthóir Cóir

D'ardaíteá do lámh is chanadh cór cois Laoi
d'ardaíteá do lámh athuair
is chanadh cór i gCarraig na bhFear ó thuaidh,
nó arís eile sa tSeandún faoina spuaic.

Is líontaí caisí is sreabha Chorcaí
is an t-aer mórthimpeall ar an gcathair go léir
de chomhghlórtha na scornach a bhíodh faoi do réirse.

Ó Aifreann na Cásca i bhFearann Phiarais
leath an ceol thar na sleasa ar an sliabh
is síos isteach sa Ghleann,
gur thóg an dream thíos a gceann
an mhaidin Domhnaigh ghléigeal úd.
D'ardaís do lámh is chan an saol go léir duit.

Ar bhraitlín mheathbhán an óispidéil
d'fhaireas do lámh dheas is í tréithlag,
chuala caisí na habhann lasmuigh go glórach
is ba léir dom an gá
atá ag glórtha le stiúrthóireacht.

An Pianó

Ceann dos na chéad nithe a caitheadh amach,
an pianó.

Ní fhéadfaimis a dhíreadas claon,
a dhubh is bán gan chéill,
a fhulag ní ba mhó.

Agus do mhéaranta ag éirí bodhar
is na cosa gan a bheith chomh daingean is a bhídís
thosnaigh an pianó ag loic ort
nuair ba mhó a theastaigh an chabhair
mar shólás, mar bhealach le teacht i dtír.

Righnigh ar na troitheáin air,
dh'éirigh na téada lúsáilte
is ní fhéadtaí é a choimeád i ngléas.

Sceitheadh thar na bruacha caisí nótaí
is bhriseadh thar do chluasa ina dtonnta éadóchais
nó go mbáití arís eile do mhisneach fiolarmónach.

An pianó,
ceann dos na chéad nithe
go bhfuaireamar réidh leis.

Snámh

Ní bhíodh snámh, a deirteá
ag an mairnéalach fadó
agus a chúis aige.

Ar an bhfarraige mhór
amuigh ar fad ar an ndoimhin, sa tsean-am,
dá dtabharfadh an long a gob ar an bpoll,
i bhfad ó chabhair,
ba bheag an mhaith d'aon fhear báid
an buille snámha
ná déanfadh ach an bás a chur ar atráth
seal gairid nó go dtuirseodh na lámha
is go dtiocfadh crampaí sna cosa ón síorshá
i gcoinne uisce an tsáile
a shúraiceodh ar deireadh é feá ar feá
síos isteach sa duibheagán.

San óispidéal
agus tú dod mhealladh
ag codladh an bháis
amhail mairnéalach tar éis dá long bá
i bhfad ó chaladh,
ó thalamh, ó mharc tíre, dá laghad,
bhíos buíoch nár fhoghlaimís an snámh.

Baineadh leathchos díot ag an nglúin,
an timthriall gan a bheith i gceart, a dúirt na dochtúirí.
Cá bhfios ná bainfidís an leathchos eile díot,
a mhairnéalaigh, dá leanfá ort ag snámh
is ag cur an bháis ar atráth ó lá go lá,
is go bhfágfaí tú ar giorra anála,

ga seá id scamhóga,
is tonnta an chóma
dod shárú is dod shúraic go mall
síos isteach sa pholl.
Do b'fhearr, ar deireadh,
an deireadh nár lean rófhada,
a chara, ach tá de mhí-ádh ormsa
gur dheineas an snámh a fhoghlaim
is tá 'fhios agam nuair a thagann an t-am
nach mar sin a ghabhfad.
Déanfad buillí snámha a bhualadh,
ciceálfaidh mé, déanfad na tonnta a shuaitheadh.
Ní shúfar síos mé go mín,
go dtraochfar mo neart,
cé gur agatsa a bhí an ceart.

An Uaigh

A bhuí le Dia
nár chaillis do mheabhair
ná d'acmhainn grinn
mar ba ar an ngreann,
i ndáiríre, a tháinís i dtír.

Nuair a theascadar an leathchos díot
dúraís trí cheo na bpeallairí
go raibh cos leat san uaigh
agus an chos eile ar a bruach.

I ndiaidh do bháis
nuair a chaitheamarna d'uaigh a thochailt
mar nach raibh reiligirí ar fáil
is nuair a coinníodh mise ón obair
mar go rabhas ró-íogair
róghoilliúnach, dúradh,
bhraitheas gur deineadh éagóir orm.

Gearraim uaigh duit anois nach bhfuil cúng,
uaigh a leathann thar an ndúthaigh,
uaigh a chuimsíonn gach ard is íseal
uaigh a spréann thar gach má is gach maoileann
mar a dhéanadh tráth do chuidse ceoil,
ceol ná cloistear anois níos mó.

An Gunnadóir

Sárshaighdiúir agus gunnadóir den scoth
an teist a bhí ag leifteanantchornal ort.

Mhíníteá dom mar a dhírítear an gunna
ar phointe chun cinn ar sprioc a bhíonn ag bogadh,
eitleán, abair, chun aga taistil an tsliogáin
a thabhairt san áireamh nó a chur sa mheá.
Fadhb mhatamaitice í go bunúsach, nó b'in a deirteá.

Nuair a dhírigh an bás a airtléire ort
bhí gá agat leis an dtaithí sin go léir
chun fanacht glan ar gach áladh dár thug sé.

D'fhanais cúpla céim chun cinn air
feadh bhlianta deireanacha do shaoil,
ach nuair is é an bás atá i mbun cleachta
is léir cén toradh a bheidh ar imeachtaí,
pioca fada gearr ag teacht é.

Láchtaint san Otharlann

Análú doimhin an uisce.
Ardú ucht na farraige
nó scaoileadh teann an bhriste,
smacht.
Thíos ar an ngrinneall
féara na mara fada
anonn, anall
faoin bhfonn.
An ghealach a luí
solas méarnála
rithim na dtonn
amach, isteach arís.

San eadar-am,
is idir bualadh cloig
agus frithchling na gclog
ag scaradh na dtonn ón am
ag deighilt na dtráth ón tráth
nach fás a ré ach trá,
ní bhíonn sa bheo
ach pian go hiomlán,
aer gearranála
fann
isteach arís, amach.

An láchtaint
ag scaradh na dtonn
ón lann ghainimhe,
ídiú na hoíche
ar charraigreacha leise
is léir,

cnámha na láimhe
soiléir faoin gcraiceann
ar chiumhais na pluide
faoi lí an mhaidneachain.

Maidin Eile Fós

Stuaic oraibh beirt chun a chéile,
maidin eile is mé sna déagaibh,
sinn go léir ag iarraidh fáil réidh
don lá is, mar is gnách, táimid déanach.

B'fhearr liom ná rud maith
dul ar an mbus i dteannta carad
agus an turas sa chairt a sheachaint ar fad –
mallachtaí agatsa leis na tiománaithe
is ise ag casadh siléig éigin leat
an bearradh is an t-allagar
an tslí ar fad isteach.

B'fhearr liom ná rud maith
dá bhféadfainn é a stad
ach tá mo chroí féin chomh lán céanna do chantal
ar maidin is atá ag an gcuid eile don gclann
nó go mbainimid an chathair amach
agus tá sí ag éirí amach as an gcairt
ach sara n-imíonn faoi dheithneas
mar gur chuiris moill uirthi níos túisce
ní hé a dearúd gan tú a phógadh ar do leiceann,
ní is fearr, dar liom, ná rud iontach.

Séasúir

San earrach sheinnteá 'Die Forelle' le Schubert uair umá seach
is chuireadh an breac ar chlúdach an cheirnín fonn amach orm –
síos na hinsí lem shlat is lem piastanna
cé ná raibh aon mhaith ionam riamh ag an iascach.

Sa tsamhradh an 'Siomfón Tréadúil' le Beethoven
is bhíodh *Carmina Burana* le hOrff agat sa bhfómhar,
na hamhráin dhólásacha ag tabhairt le fios
go raibh duilleoga ag titim is gur ghearr go mbeadh ár ré istigh.

Messiah Händel a sheinnteá um Nollaig,
glórtha an ollchóir ag líonadh an tseomra –
i ndiaidh an Aifrinn is sinn ag spraoi lenár mbronntanaisí –
do dheasóg á stiúradh is do shúile lán do ghlóir an cheoil.

Chasais na séasúir ar chaschlár an tseana-sheinnteora
is chuiris na nótaí in ord led láimh stiúrthóra.
Thar chiorclú an tsaoil leagais síos teorainneacha
a sháraís trí mhaireachtaint go dtí tosach an earraigh sin.

Súile Glasa

Do shúile glasa
ar dhath na mara
le linn drochuaine,

do ghruaig i leith na léithe
ar nós na néalta
a chruinníonn sna spéarthaibh
os cionn an chuain
do b'ansa leat riamh.

Tú sna fichidí déanacha
is age baile arís ó Bhleá Cliath
tar éis naoi mbliana.

Do shúile glas
ar nós phluid na leapan
sa tigh altranais, an Marie Celine,
i lár na cathrach
agus do chéad mhac
ag a mháthair ina baclainn.

Do ghruaig liath
cíortha siar go néata
ar nós na mbraitlíní
sa chliabhán.

Sibh pósta le trí bliana
is ag cur fúibh i gCarraig Ruacháin.

Do shúile glasa
ar dhath na gcarraigreacha
ar Chom Dhíneoil
is tú ar an dtráigh,
do chuid páistí
ag spraoi leis na gabhair bhána
atá ar dhath do chuid gruaige.

Do shúile glasa
ar dhath an ghairbhéil
ar na cosáin idir na huaghanna
le hais an tsáipéil
i mBaile Nóra.

Seana-ghnás

Mheasas a rá leo an lá san
gan cloí leis an tseana-ghnás

ach gabháilt ina áit sin
tuathal timpeall an tsáipéil

le go gcuirfí mar sin an t-am
ag gluaiseacht ar an tslí chontrártha

is go ndéanfaí tú a bhreith arís as an gcomhrainn
in áit a adhlacadh i ndiaidh báis duit

ach tháinig sé ansan ina bháisteach
is tuigeadh dom ná féadfaí braonaíocha
a chur ag titim in airde
is ná féadfaí ach an oiread
cur i gcoinne an tseana-ghnáis.

Cead Cainte

'Cead cainte domhsa!'
a deirir im chloigeann.
'Ba mhó ná céile mé,
ba mhó ná athair,
ba mhó ná cléireach
in oifig ag cur eagair
ar fhigiúirí
is an leabhar mór á bhreacadh
i ndeireadh tréimhse cuntasaíochta.

Ba dhuine mé a bhí lán do dhóchas
i rith mo shaoil,
ba dhuine sochaideartha spleodrach mé,
lán do scléip.

Bhíos dul-chun-cinniúil
gan a bheith aindréimeach
bhíos folláin lúfar
sarar thosnaigh na taomanna.

Breac san go léir
id leabhar, a chléirigh.'

'Cead cainte domhsa!' a deirir im chloigeann
ach tá na blianta anois ag teacht eadrainn
is ní chloisim do ghuth ach ar éigean.
Tá a thuilleadh, cinnte, ba cheart a rá
ach ní mise a bhreacfaidh ar phár, má tá.